LOS ARCOIRIS

Linda Aspen-Baxter
and Heather Kissock

www.av2books.com

Go to **www.av2books.com,** and enter this book's unique code.

BOOK CODE

Q225422

AV² by **Weigl** brings you media enhanced books that support active learning.

This AV² media enhanced book gives you a fully bilingual experience between English and Spanish to learn the vocabulary of both languages.

English

Spanish

AV² Bilingual Navigation

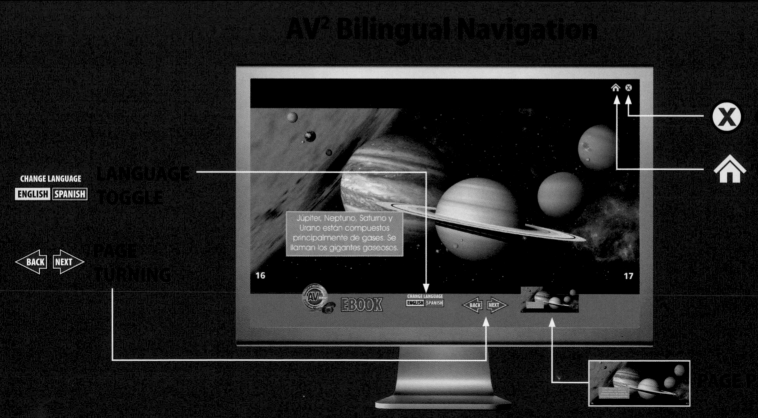

CHANGE LANGUAGE
ENGLISH SPANISH

LANGUAGE TOGGLE

PAGE TURNING

BACK NEXT

X CLOSE

⌂ HOME

Júpiter, Neptuno, Saturno y Urano están compuestos principalmente de gases. Se llaman los gigantes gaseosos.

16   17

EBOOK   CHANGE LANGUAGE ENGLISH SPANISH   BACK NEXT

PAGE PREVIEW

2

LOS ARCOIRIS

CONTENIDO

4

Podemos ver los arcoíris
en el cielo cuando llueve.

Se puede ver un arcoíris cuando el sol brilla en las gotas de lluvia en el cielo.

La luz del sol está compuesta de muchos colores. Esos colores aparecen en el arcoíris.

10

Cuando la luz del sol penetra una gota de agua, se crean siete colores.

Los siete colores del arcoíris son rojo, naranja, amarillo, verde, azul, índigo y violeta.

13

14

Cuando ves un arcoíris,
el sol está detrás de ti.

Pueden haber dos arcoíris al mismo tiempo en el cielo.

A veces se ven arcoíris cuando no ha llovido. Se les puede ver en las fuentes y en el rocío de una manguera.

19

También se pueden ver los colores del arcoíris en las burbujas de jabón.

DATOS SOBRE EL ARCOÍRIS

Esta página proporciona más detalles acerca de los datos interesantes que se encuentran en este libro. Basta con mirar el número de la página correspondiente que coincida con el dato.

Páginas 4–5

Podemos ver los arcoíris en el cielo cuando llueve. La naturaleza crea los arcoíris en el cielo. Se les puede ver en casi cualquier parte del mundo donde llueve. Aparecen después de una tormenta, cuando brilla el sol.

Páginas 6–7

Se puede ver un arcoíris cuando el sol brilla en las gotas de lluvia en el cielo. Se forman arcoíris cuando llueve en una parte del cielo mientras el sol brilla sobre otra parte. Se necesitan miles de millones de gotas de lluvia para formar un arcoíris.

Páginas 8–9

La luz solar está compuesta de muchos colores. Estos colores aparecen en el arcoíris. A menudo uno se refiere a la luz del sol como luz blanca. Esa luz está compuesta de muchos colores de luz que las personas pueden ver, así como otros colores que no se pueden ver. Al mezclarse todos los colores, la luz solar se ve blanca. Sin embargo, cuando la luz del sol brilla a través de las gotas de agua, los colores se separan.

Páginas 10–11

Cuando la luz del sol penetra una gota de lluvia, aparecen siete colores. La luz solar viaja en línea recta al moverse a través del aire. Cuando penetra el agua, se hace más lenta y se dobla, o refracta. Al doblarse se crean los siete colores del arcoíris.

Los siente colores del arcoíris son rojo, naranja, amarillo, verde, azul, índigo y violeta. Cuando se ve un solo arcoíris, el rojo está arriba y el violeta está abajo, debido a que la luz violeta se dobla más que la de cualquier otro color, mientras que la luz roja es la que menos se dobla.

Cuando ves un arcoíris, el sol está detrás de ti. Un arcoíris siempre aparece en el cielo opuesto al sol. Después que la luz solar se dobla dentro de las gotas de lluvia, la luz se refleja de vuelta hacia el sol. Vemos los colores como se reflejan de vuelta desde las gotas de lluvia.

Pueden haber dos arcoíris en el cielo al mismo tiempo. Uno se arquea sobre el otro. Cuando eso ocurre, el arcoíris inferior se llama el arcoíris primario. El superior se llama arcoíris secundario. Los colores de un arcoíris secundario van al revés. El violeta está arriba, y el rojo esta abajo.

A veces, se ven arcoíris cuando no ha llovido. No es necesario que llueva para que aparezcan los arcoíris. Se les puede ver siempre que hay humedad en el aire. Eso incluye fuentes, cascadas y el rocío de una manguera. Al brillar el sol en las gotas de agua, se forman arcoíris.

También se pueden ver los colores del arcoíris en las burbujas de jabón. Pero estos no son verdaderos arcoíris. A diferencia de los arcoíris, los colores de las burbujas pueden cambiar. Se arremolinan con el movimiento del líquido en el que están. Al mirarlos, los colores pueden cambiar, dependiendo del punto de vista.

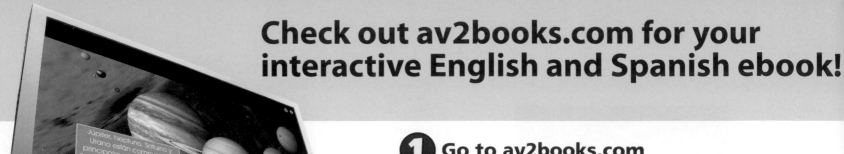

Check out av2books.com for your interactive English and Spanish ebook!

1 Go to av2books.com

2 Enter book code | Q 2 2 5 4 2 2

3 Fuel your imagination online!

www.av2books.com

Published by AV² by Weigl
350 5th Avenue, 59th Floor New York, NY 10118
Website: www.av2books.com   www.weigl.com

Library of Congress Control Number: 2012021227
ISBN: 978-1-61913-216-0 (hardcover)

Printed in the United States of America in North Mankato, Minnesota
1 2 3 4 5 6 7 8 9 0 16 15 14 13 12

062012
WEP100612

Senior Editor: Heather Kissock
Art Director: Terry Paulhus

Weigl acknowledges Getty Images as the primary image supplier for this title.